Inhalt

Mystery Shopping - Testkäufer sind in geheimer Mission Service-Sündern auf der Spur

Kernthesen

Beitrag

Fallbeispiele

Weiterführende Literatur

Impressum

GENIOS WirtschaftsWissen Nr. 05/2011 vom 10.05.2011

Mystery Shopping - Testkäufer sind in geheimer Mission Service-Sündern auf der Spur

Harald Reil

Kernthesen

- Der Einsatz von Mystery Shoppern bzw. Testkäufern in verdeckter Mission soll die Service-Schwachstellen von Unternehmen aufdecken.
- Der Servicegedanke ist rund um den Globus am Schwinden: Das belegt eine Untersuchung von ISC, dem weltweit führenden Anbieter für Mystery Shopping.

- Mystery Shopper nahmen Gastronomiebetriebe am Münchner Flughafen unter die Lupe: Subway hatte die Nase vorn und wirkt vielleicht als Vorbild. Auch die Bremer Landesbank gehört zu den Besten ihrer Zunft. Unangekündigte Testverkäufer halfen dem Geldinstitut bei der Verbesserung der Servicequalität.
- Verbraucherschutzministerin Ilse Aigner hat den Einsatz staatlich beauftragter Mystery Shopper zur Überprüfung der Servicequalität von Banken angekündigt.

Beitrag

Traurige Wahrheit: Servicewüste Deutschland ist zum geflügelten Wort geworden

Mit einem guten Service steht und fällt der Erfolg eines jeden Unternehmens. Allerdings scheint nicht jeder Mitarbeiter diese einfache Formel verinnerlicht zu haben. Hierzulande beklagen sich immerhin über sechzig Prozent der Kunden, dass der Begriff Service ein Fremdwort sei, dem es ungemein schwer falle, sich gegen so zähe Antagonisten wie Gleichgültigkeit,

Unfreundlichkeit oder auch Unwissenheit durchzusetzen. US-Amerikaner, vor allem, wenn sie aus den Südstaaten kommen, schütteln immer wieder verwundert die Köpfe, wenn sie in deutschen Biergärten, Restaurants oder Geschäften "bedient" werden. Aber auch einheimische Kunden kommen nicht immer mit der ruppig-burschikosen Art mancher Angestellter zurecht. Nicht umsonst hat sich daher auch schon seit geraumer Zeit das Epithet "Servicewüste", mit dem die Deutschen ihr Land gerne bezeichnen, als geflügeltes Wort etabliert. Die entscheidende Frage lautet: Lässt sich diese Wüste in eine Oase verwandeln? Der Einsatz von Mystery Shoppern oder Testkäufern, die in verdeckter Mission die Service-Schwachstellen von Unternehmen aufdecken, setzt sich immer mehr durch und liefert inzwischen in fast allen Dienstleistungsbereichen schon befriedigende Antworten auf diese Frage. Um sinnvolle Ergebnisse für die Beurteilung der Beratungsqualität zu erhalten, ist es allerdings unabdingbar vorab Test-Standards zu definieren, damit die Testsituationen wirklich miteinander vergleichbar sind. Essentiell sind zudem die fachlichen Fähigkeiten der Mystery Shopper und natürlich realitätsnahe Testfälle. (1), (5)

Mustergültig: Subway schult

Mitarbeiter mithilfe einer E-Learning-Plattform

Um mit einem Beispiel zu beginnen: Das US-amerikanische Unternehmen Subway eröffnete vor etwas mehr als einem Jahrzehnt das erste Restaurant auf deutschem Boden. Mittlerweile verkauft das Unternehmen schon in rund 750 Filialen bundesweit ihre wie U-Boote geformten Sandwiches. Woher kommt dieser Erfolg? Mystery Shopper haben vor kurzem am Münchener Flughafen 44 verschiedene Gastronomie-Betriebe untersucht. Sie nahmen in drei Testserien das Angebot, die Qualität, die Präsentation, den Kassiervorgang sowie die Service- und Beratungsleistung der Mitarbeiter genau unter die Lupe. Insgesamt begutachteten die Testkäufer 190 Läden. Das Ergebnis: Subway hängte mit einem Durchschnittswert von 93,7 Prozent die Konkurrenz deutlich ab. Britta Burbach von der Bielefelder Unternehmensberatung pos consulting, die für die Studie verantwortlich zeichnete, führt diesen Erfolg auf die konsequente Schulung der Subway-Mitarbeiter zurück. Das Unternehmen verbessert vor allem mit regelmäßigen Praxistrainings und Kursen auf der hauseigenen E-Learning-Plattform "University of Subway" das Servicebewusstsein seines Personals. Das Ergebnis der Mystery Shopper mag zwar kaum neue Erkenntnisse liefern, wie sich

Unternehmen positiv von ihren Mitbewerbern absetzen können; doch vielleicht ist allein die Veröffentlichung der Studie Anreiz genug, dass sich die Konkurrenz Subway zum Vorbild nimmt. (2)

Mystery Shopper klopfen Maklern auf die Finger

Dass Mystery Shopper durchaus Einfluss ausüben, zeigt ein Beispiel aus Österreich. Dort schaut die Mietervereinigung (MV) Maklern mithilfe von Testkäufern regelmäßig auf die Finger und bewertet in einem jährlich veröffentlichten Bericht ihre Leistungen. Das Ergebnis der letzten Untersuchung verlieh den Maklerleistungen das Prädikat "höchstens befriedigend, Tendenz eher zu einem Genügend". Die Mystery Shopper monierten vor allem eine Vernachlässigung der gesetzlichen Aufklärungspflichten, eine in vierzig Prozent der Fälle falsche Berechnung der Provision sowie das Versäumnis, die Umsatzsteuer aus der Gesamtmiete herauszurechnen. Die Reaktion der Makler war bemerkenswert. Die Standesvertretung in der Wirtschaftskammer Wien hat angekündigt, ein so genanntes "Qualitätspaket" zu implementieren. Die Kernpunkte: Überarbeitung der Standesregeln, strengere Ausbildungsmaßstäbe, Pflicht zur Fortbildung und die Einführung einer so genannten

"Immobiliencard" - ein Qualitätssiegel für pflichtbewusste Makler. (3)

Trends

Auch weltweit ist der Kunde nicht mehr König

Sind also Mystery Shopper der Weisheit letzter Schluss, wenn es um die Verbesserung der Servicequalität in Deutschland geht? Ganz so einfach scheint die Sache nicht zu sein. Immerhin geben Unternehmen pro Jahr Millionenbeträge für verdeckte Testeinkäufe aus, ohne dass sie bisher einen zufriedenstellenden Grad von Kundenzufriedenheit erreicht hätten. Hierzulande sind immerhin 64 Prozent der Shopper mit dem Service unzufrieden. Aber auch global gesehen, droht der Gedanke, dass der Kunde König sei, zu verblassen. Vielleicht zeichnet sich sogar ein Trend ab. International Service Check (ISC), weltweit der Marktführer für Mystery Shopping, hat auf seiner Internet-Site eine so genannte Freundlichkeitsstatistik veröffentlicht, die diese Befürchtung unterstützt. ISC und andere Anbieter von verdeckten Testkäufen haben vergangenes Jahr in 25 Ländern Europas, Nord- und

Südamerikas, sowie Asiens und Afrikas 1,2 Millionen Fragen zu den Kategorien Lächeln, Begrüßung und Zusatzverkäufe gestellt. Das ernüchternde Ergebnis: In den beiden Kategorien Begrüßung und Zusatzverkäufe verzeichneten die Mystery Shopper jeweils die schlechtesten Werte seit Einführung der Statistik im Jahr 2004; in der Kategorie Lächeln das zweitniedrigste. Und dennoch: Mystery Shopper können einen gewaltigen Druck ausüben. Je häufiger sie in geheimer Mission in Unternehmen unterwegs sind und je öfter sie ihre Ergebnisse publik machen, desto mehr geraten Service-Sünder in die Kritik. Dies sollte für sie Anlass genug sein, das Verhalten zu verändern. (4)

Fallbeispiele

Mystery Shopping im Staatsauftrag

Die Verbraucherschutzministerin Ilse Aigner hat sich zu einem mutigen Schritt entschlossen. Sie hat angekündigt, dass ab diesem Jahr von der BaFin - Deutschlands oberster Finanzbehörde - beauftragte Mystery Shopper die Bankenbranche genauer unter die Lupe nehmen werden. Auslöser für diese

Maßnahme ist einerseits natürlich die Finanzkrise, bei der auch deutsche Geldinstitute eine unrühmliche Rolle gespielt haben. Andererseits haben von den Banken selbst beauftragte Testkäufer nicht dazu beigetragen, dass sich die Beratungsqualität der Häuser wesentlich verbessert hat. (5)

"Elite Report 2011" gibt der Bremer Landesbank die Note "summa cum laude"

Die Bremer Landesbank gehört zu den Besten ihrer Branche, und zwar schon seit Jahren. Die Begründung des Vertriebsvorstands, Dr. Guido Brune, für den dauerhaften Erfolg. Sein Haus werde regelmäßig von Instituten, deren Mitarbeiter inkognito unterwegs seien, auf Herz und Nieren geprüft. Da die Testergebnisse wertvolle Anregungen lieferten, könne die Bank ihren Service auch ständig verbessern. Der Lohn der Mühen: Das Fachblatt "Elite Report 2011" verlieh dem Bremer Bankhaus zum achten Mal in Folge die Bestnote "summa cum laude". Von 530 möglichen Punkten erzielten die Hansestädter immerhin 482. Neunzig Prozent ihrer Kunden würden das Geldinstitut weiterempfehlen. Von den 360 getesteten Banken im deutschsprachigen Raum erzielten übrigens nur 26 die Höchstnote. (6)

Weiterführende Literatur

(1) MC Ostwürttemberg "Gekauft in Germany" zum Markenzeichen machen
aus Absatzwirtschaft Nr. 04 vom 25.03.2011 Seite 086

(2) Sandwich mit Service
aus Allgemeine BäckerZeitung Nr. 22 vom 13.11.2010 Seite 008

(3) Wenn Makler mäkeln
aus "Format" Nr. 18/11 vom 06.05.2011 Seite: 34,35,36,37

(4) Die Freundlichkeitsstatistik 2011 zeigt, dass 25% der Kunden nicht angelächelt werden
aus "Format" Nr. 18/11 vom 06.05.2011 Seite: 34,35,36,37

(5) Berater auf die Probe gestellt
aus Bankmagazin, Heft 2011/04, S. 32-35

(6) Bremer Landesbank mit "summa cum laude"
aus Die SparkassenZeitung, 28.01.2011, Nr. 04, S. 10

Impressum

Mystery Shopping - Testkäufer sind in geheimer Mission Service-Sündern auf der Spur

Bibliografische Information der deutschen Nationalbibliothek

Die Deutsche Nationalbibliothek verzeichnet diese Publikation in der deutschen Nationalbibliografie; detaillierte bibliografische Daten sind im Internet über http://dnb.d-nb.de abrufbar.

ISBN: 978-3-7379-0786-6

© 2015 GBI-Genios Deutsche Wirtschaftsdatenbank GmbH, Freischützstraße 96, 81927 München, www.genios.de

Alle Rechte vorbehalten. Dieses Werk ist einschließlich aller seiner Teile – z.B. Texte, Tabellen und Grafiken - urheberrechtlich geschützt. Jede Verwertung außerhalb der Grenzen des Urheberrechtsgesetzes bedarf der vorherigen Zustimmung des Verlags. Dies gilt insbesondere auch für auszugsweise Nachdrucke, fotomechanische

Vervielfältigungen (Fotokopie/Mikroskopie), Übersetzungen, Auswertungen durch Datenbanken oder ähnliche Einrichtungen und die Einspeicherung und Verarbeitung in elektronischen Systemen.